AF562566

NOTICE

SUR

LA SŒUR ROSE

(MARIE-VINCENT DU TRÉVOUX DE BOT)

FILLE DE LA CHARITÉ DE SAINT-VINCENT DE PAUL

Sœur servante de la troisième Maison du Bureau de Bienfaisance de Bordeaux

PAR J. NOLIBOIS

CHANOINE HONORAIRE, AUMÔNIER DES PRISONS

SE VEND

AU PROFIT DE L'ŒUVRE DES ORPHELINES DE SAINT-VINCENT DE PAUL

Rue de la Trésorerie, 15.

NOTICE

SUR

LA SŒUR ROSE

La sœur Rose du Trévoux, dont Bordeaux pleure en ce moment la mort et dont nous voulons esquisser à grands traits la sainte vie, naquit à Plestin (Côtes-du-Nord), le 8 mai 1792.

Sa famille était une des plus nobles de l'héroïque et catholique Bretagne; elle descendait des Colbert, et comptait dans son illustre lignée les de Quélen, dont l'un des membres, au commencement de ce siècle, a occupé si courageusement le siége archiépiscopal de Paris. Sur le monument érigé en 1814, dans le *Champ des Martyrs*, aux victimes de Quiberon, figurent les noms de dix-sept de ses parents.

Dans ces temps calamiteux, si justement appelés le *Régime de la Terreur*, Mme du Trévoux mère partagea alors le sort de tout ce qui était vertueux et noble; elle fut jetée dans une prison avec ses trois enfants; Rose, notre héroïne, à peine âgée de deux ans, était du nombre de ces infortunées créatures.

Plus tard, lorsqu'elle fut devenue Fille de la Charité, Rose racontait à ses compagnes et les douleurs ineffables de sa mère dans ce cachot, et le miracle de sa délivrance. « Notre prison était

» remplie de pauvres femmes, disait-elle; toutes nous étions destinées à être noyées; chaque jour le nombre de nos compagnes » diminuait; notre tour était arrivé; ma mère attendait avec une » anxiété horrible notre dernier moment. Tout à coup le tocsin » sonne à l'église voisine, un municipal arrive dans la prison; à » sa vue, ma mère, qui tenait mon frère Lucien (1) dans ses bras, » s'évanouit; le municipal, ému de ce spectacle, envoie sa femme » pour soigner ma mère. Lorsque ma mère eut repris ses sens, » on lui apprit que la mort de Robespierre nous rendait à la vie » et nous ouvrait les portes de notre cachot. (28 juillet 1794.) »

Nous n'avons aucun détail sur la vie de la sœur Rose depuis cette époque, 1794, jusqu'au moment où elle fit partie de la congrégation des Filles de la Charité de Saint-Vincent de Paul, 1808; elle y rentra très-jeune, puisqu'elle n'avait que seize ans et quelques mois lorsqu'elle arriva dans la Maison de Saint-Projet de Bordeaux. Sous cette blanche et flottante coiffure de sœur de la charité, elle avait l'air si enfant, si candide, que les femmes du marché, nous a-t-on raconté, ne pouvaient s'empêcher de sourire agréablement à sa vue, et de lui dire dans leur piquant et doux langage, « on » s'est trompé, MA CHÈRE, en vous donnant la cornette, car vous » n'avez pas fait encore votre première communion. »

La maison de secours de Saint-Projet, où fut placée sœur Rose, a dans son humble histoire des pages bien glorieuses. Pendant la Révolution, elle n'a pas cessé d'exister; la sœur Catherine Flamand, à la tête de ses compagnes, n'a pas quitté un instant son poste. Chose admirable! ces filles désarmées, mais héroïques, ont vaincu les assassins de l'époque en les obligeant, à force de charité, à fermer les yeux sur leur existence, ce qui, pour de vrais *patriotes,* était pourtant un crime épouvantable. Leur maison était une église pour elle et pour leurs pauvres : caché sous le nom de sœur Rosalie, l'abbé Catherineau n'a cessé, pendant le temps qu'ont duré ces mauvais jours, de leur donner les se-

(1) Lucien du Trévoux, devenu plus tard officier dans les gardes du corps.

cours de son ministère et de dire la sainte messe dans la salle devenue aujourd'hui le réfectoire. Après ce récit, on comprend pourquoi la sœur du Trévoux, qui vécut longtemps avec ces martyrs, dans les mêmes lieux témoins de leurs douleurs et de leur dévouement, ait été si opposée dès le début au projet de changement de maison, et que lorsqu'il a fallu obéir, elle soit demeurée si profondément attachée encore à ces vieilles murailles devenues sacrées pour elle par leurs souvenirs héroïques. En ce moment, la France s'émeut en faveur de la tour où fut enfermée Jeanne d'Arc; sœur Rose n'avait-elle pas raison de s'émouvoir en face des lieux où son Dieu s'était longtemps caché alors qu'il était banni de notre patrie?

Le 2 mars 1820, pendant qu'on chantait les litanies de la sainte Vierge, un ouragan épouvantable s'abattit sur la cathédrale; le pignon de la porte nord tomba sur les voûtes du transept, qui s'écroulèrent écrasant quatorze personnes. Sœur Rose se trouvait dans l'église; elle n'eut aucun mal. Lorsque la poussière se fut dispersée, tous ceux qui étaient sains et saufs cherchèrent à s'enfuir; sœur Rose, avec un sang-froid que son grand amour des choses saintes explique, court à l'autel, prend les vases sacrés et les porte en lieu sûr. Cette scène l'avait tellement émue, que pendant de longues années elle conserva, des éclairs et du tonnerre, une frayeur qu'elle ne pouvait dominer. Mais elle fut guérie à la suite d'un pareil ouragan arrivé alors qu'elle était à Clermont, et où elle ne fut attristée par aucun accident fâcheux.

Depuis quelques années, la sœur Catherine Flamand était morte; la sœur Ducroux lui avait succédé, mais en 1820 cette dernière fut nommée à une charge importante dans la Congrégation, à la dignité d'*officière*, et, en cette qualité, obligée d'habiter Paris. La Supérieure de la Congrégation résidant à Paris, rue du Bac, qui connaissait l'intelligence, le dévouement et la piété de sœur du Trévoux, la nomma, malgré sa jeunesse, car elle n'avait que vingt-huit ans, *sœur Servante* à Saint-Projet. Nous disons *sœur Servante*, car c'est le titre que saint Vincent veut que les Supérieures portent, dans toutes maisons autre que celle de la *maison mère,* rue du Bac, à Paris. Ce choix fut accueilli avec reconnaissance par les compagnes de la sœur Rose, par le clergé de la cathédrale, par les riches et les pauvres de la paroisse. Sœur Rose était depuis longtemps appelée la *Mère des pauvres.*

A cette époque, les pauvres étaient plus nombreux qu'ils ne sont aujourd'hui, les secours distribués par la ville étaient bien minces et bien rares. La *sœur Servante* n'était pas chargée seulement de répartir ce que la charité pouvait mettre entre ses mains, il fallait la provoquer cette charité, l'ordonner, la stabiliser. Or, tel fut l'objet constant de la sollicitude de la Mère du Trévoux. Les créations que nous allons énumérer rapidement vont le prouver outre mesure.

En 1820, un secours de 95 fr. que lui envoya la Chambre de Commerce lui suggéra la première idée *des lingeries* pour les pauvres. Que faire, se dit-elle, de 95 fr. ! Je ne puis les distribuer, même aux plus nécessiteux ; à peine pourrais-je leur donner quelques sous ; mais si j'achetais quelques chemises pour mes pauvres déguenillés, chemises que je me garderais bien de leur donner, ils les vendraient ; mais je leur en prêterai une chaque semaine, à condition qu'ils me rapporteront l'autre pour la faire approprier moi-même. Au début, elle ne put acheter que six chemises et douze paires de draps. Mais l'idée était utile, féconde, elle ne tarda pas à procurer les plus heureux résultats. Bientôt, en effet, s'établirent ces lingeries si riches des *Maisons de secours,* où les pauvres imprévoyants trouvent, pendant l'hiver, les objets de première nécessité, les garantissant contre les rigueurs de la saison.

L'hiver de 1829 fut bien rude en France ; le froid suspendant les travaux, les pauvres se trouvèrent dans la plus grande misère ; mais, il faut le dire, en France surtout le dévouement grandit à mesure que la misère augmente. La sœur du Trévoux gémissait en secret de l'exiguïté de ses ressources en présence de tant de malheureux, mais elle ne perdait pas courage, et, avec une confiance illimitée, elle s'adressait à Celui *qui donne la pâture au plus petit des oiseaux*.

Alors vivait à Bordeaux un vieillard, chef d'une noble famille et possesseur d'une immense fortune. Si les principes et les scandales de la Révolution avaient altéré sa foi catholique, ils n'avaient pas amoindri en lui son immense sympathie pour les malheureux. Ce vieillard, qui se nommait M. Duffour-Dubergier père, aimait à venir souvent dans l'étroite rue Sainte-Gemme frapper timidement à la porte de la sœur Rose, pour s'enquérir auprès d'elle du sort des pauvres. Dans cet hiver si meurtrier, il fut la Providence des malheureux des paroisses Saint-André, Saint-Pierre et Saint-Bruno. « La misère était si grande, nous ont dit les compagnes de l'admirable sœur, que le jour nous suffisait à peine pour visiter les pauvres. Le matin nous mettions le pot au feu, puis la première qui passait lui donnait à la hâte quelques soins, et se retirait; plus d'exercices de piété : le soir seulement, exténuées de fatigue, nous nous réunissions autour d'un feu de sarments. » — « Récitons le chapelet, » disait la bonne Mère; puis, comme nous nous endormions, elle s'armait d'une baguette de sarment, et, tout doucement, nous frappait sur les doigts pour nous réveiller. »

A l'approche du choléra, en 1832, alors que ce mal affreux faisait d'épouvantables ravages à Paris, M. Duffour vint trouver sœur Rose, et lui demanda ce qu'il fallait faire pour arracher les pauvres à ce fléau dévastateur. — « Bien les nourrir, » lui dit sœur Rose, « et leur donner un peu de vin. » Le lendemain, trente barriques de vin arrivèrent à la porte des sœurs, et chaque jour une quantité énorme de viande pour faire du bouillon aux malheureux. Cette affection envers les pauvres, nous ont dit les sœurs, la famille ne l'a pas laissée perdre. Continuée d'abord par M. Duffour fils, elle se perpétue encore par les larges libéralités de la famille de Bastard.

Quoique abondantes, les aumônes parfois ne suffisaient pas à tous les besoins. Un jour, se trouvant sans une obole, la sœur Rose se prit à pleurer; ses filles essaient bien de la consoler, mais en vain; tout à coup on sonne à la porte; la bonne sœur Magdeleine va ouvrir; c'était une dame au costume plus que médiocre qui demandait à voir la supérieure. Soupçonnant que c'est un secours qu'on vient solliciter et sachant l'immense douleur que ressentira la Mère de ne pouvoir l'accorder, sœur Magdeleine refuse de la laisser entrer, mais la dame persiste avec tant d'instance, que de guerre lasse la sœur lui ouvre la porte; heureusement cette dame ne venait rien demander, mais, au contraire, porter 300 francs pour les pauvres : Dieu avait été touché des larmes de la sœur Rose et lui envoyait du pain pour les malheureux.

L'amour que la sœur Rose avait pour les pauvres était un amour vif, tendre, délicat comme l'est celui d'une mère. Tout à fait bordelaise, elle savait la prédilection que le peuple de notre cité a pour ce genre de petits pains appelés *choines;* devenue plus riche, elle voulut que l'on ajoutât au bouillon que l'on distribuait chaque jour un *choine* pour les malades.

La charité de la sœur Rose pour les pauvres, ne s'arrêtait pas à leurs corps, la foi la faisait aller plus avant, et leurs âmes étaient l'objet de sa plus vive sollicitude.

Elle commença par faire faire, dans sa maison, le catéchisme aux pauvres; dès le début, soixante obéirent à son appel; mais bientôt le nombre s'étant accru, Mgr Georges, alors archiprêtre de Saint-André, leur donna une mission; six confesseurs furent installés dans tous les coins et recoins de la maison, et travaillèrent pendant plusieurs jours jusqu'à une heure avancée de la nuit.

Les unions illégitimes, à la suite de la Révolution, soit à cause des difficultés d'avoir recours au prêtre, soit hostilité ou indifférence, étaient nombreuses; sœur Rose fit de leur réhabilitation, sa spécialité. Sa réputation en ce point était tellement bien établie, que les pauvres qui venaient la demander, ayant oublié son nom, ne l'appelèrent plus que *la sœur qui fait marier*. Dieu seul connaît le nombre des familles qu'elle a sanctifiées de la sorte; dans une année, elle en a réconcilié ainsi avec l'Église deux cents soixante-quinze. Dans ses courses à travers la ville, elle était toujours à l'affût de pareille aubaine, et chaque jour, vers trois heures, Mgr Georges venait prendre l'adresse des malheureux que la sœur Rose avait découverts et se rendait chez eux pour achever l'œuvre qu'elle avait si heureusement commencée: « *Je suis votre vicaire,* disait l'aimable prélat, *et vous êtes mon curé.* »

Le mérite de la sœur Rose n'avait point échappé à l'attention de ses supérieurs; ils voulurent sinon en priver pour toujours Bordeaux, du moins faire jouir quelques années leur Congrégation des fruits de son intelligence et de sa piété; en 1840, elle fut nommée *assistante* pour trois ans.

Cette nouvelle dignité n'étant que temporaire, la sœur Rose put céder aux désirs de ses compagnes de Saint-Projet et conserver la charge de *sœur servante*. Avant de partir, ne voulant pas qu'elles l'accompagnassent à la voiture (elle redoutait l'explosion de leur douleur), elle les mena aux pieds de la statue de la vierge, *Notre-Dame de la Nef,* pour leur faire ses adieux, recommandant à chacune de bien remplir son office, « vous, ma sœur, faites avec soin le bouillon; vous, les remèdes pour les pauvres, etc. » De Paris, elle continua donc de gouverner sa maison de Bordeaux; tout se faisait comme lorsqu'elle y était présente; chaque semaine une longue lettre lui rendait compte de tout ce qui concernait le service des pauvres, chaque semaine on recevait ses ordres et ses conseils. Son triennat, qu'elle appelait le temps de son exil, approchait de sa fin : « encore six mois, encore quelques jours, écrivait-elle plaisamment, et mon bienheureux *deposuit potentes de sede* (1) va être prononcé. »

---

(1) Le Seigneur a fait descendre les puissants de leur trône. (*Magnificat*).

Pendant son séjour de cinquante-sept ans à Bordeaux, la sœur du Trévoux a vécu sous le pontificat de Nosseigneurs d'Aviau, de Cheverus et Donnet; elle a eu tour à tour l'estime et la confiance de ces éminents prélats. Pendant les dernières années de sa vie, Mgr d'Aviau, âgé de plus de quatre-vingts ans, avait les yeux fort malades; ses paupières, siége d'une grande irritation, exigeaient une médication douloureuse, c'était sœur Rose qui était chargée de ce pansement délicat; en la voyant arriver, pour l'encourager et calmer son émotion respecteuse, le saint prélat lui disait quelquefois avec cette finesse d'esprit que l'âge n'avait pas émoussée : « *Ah! ma sœur, vous venez donc ici pour mes beaux yeux.* »

Mgr de Cheverus avait en grande vénération sœur Rose; il lui obéissait, dans les soins qu'il accordait à sa santé, avec une docilité d'enfant. Inquiet sur l'état de son oncle, Mgr Georges, ne pouvant réussir à lui faire prendre quelque petit remède, avait recours à la sœur de Saint-Projet, et toujours cette médiation était couronnée de succès. Monseigneur, lui disait la sœur Rose, vous êtes bien rouge, vous avez besoin de prendre un bain de pieds; *Constant,* disait Son Éminence attendri par cette angélique charité, faites chauffer de l'eau; et se tournant vers la sœur : « Trouvez-vous toujours, ma mère, un malade aussi docile? »

Dans sa vieille maison de la rue Sainte-Gemme, qu'elle avait fait ravauder du mieux qu'elle avait pu, une salle avait été convertie en chapelle; tous les meubles les plus indispensables s'y trouvaient, mais elle n'avait pas de statue de la Vierge. Sœur Rose va faire une tournée dans les cloîtres de Saint-André; et là, au milieu des décombres, elle découvre une statue de la Vierge, en partie mutilée; elle la demande à Mgr de Cheverus, qui écrit en ces termes aux membres de la fabrique de sa métropole : « Messieurs, je viens de vous prêcher un Carême, et vous ne m'avez pas donné mes honoraires; permettez-moi de vous demander en échange la statue de Notre-Dame de la Nef, si cruellement délaissée dans les cloîtres. » La fabrique accepte, et Monseigneur se hâte d'annoncer aux sœurs, par l'entremise de son neveu, Mgr Georges, qu'il leur fait don de la statue. La sœur du Trévoux se rend avec un homme dans les cloîtres, la statue est placée dans un sac; au moment où le porteur la charge sur ses épaules, les cloches sonnent l'*Angelus* à toute volée. « Voyez, dit » la sœur, la sainte Vierge est heureuse de quitter ces décom- » bres pour venir habiter avec nous. »

Nous avons ouï dire que MM. les fabriciens d'aujourd'hui ne sont pas disposés à ratifier le marché passé par leurs devanciers, et qu'ils réclament cette statue miraculeuse. Nous n'avons pas la prétention de trancher une question de cette nature, car, malgré les apparences, elle nous a paru grave; mais nous sera-t-il permis de dire que cette question n'est peut-être pas aussi claire que quelques-uns veulent bien le dire. Indépendamment d'une prescription de plus de trente ans, et de bonne foi, n'y a-t-il pas eu vente de la part de la Fabrique, et de la part de Mgr de Cheverus n'y a-t-il pas eu une pieuse donation en faveur des sœurs de Saint-Projet? Nous soumettons ce doute aux juges, et il y en a d'anciens et de modernes dans la noble fabrique de la Primatiale (1).

Notre pontife le cardinal Donnet vénérait la sœur Rose; souvent il la visitait, et, dans sa dernière maladie, il est venu donner à sa chère malade les consolations de son ministère. Il s'est agenouillé au pied de son lit et a joint ses prières à celles de toutes les sœurs éplorées. Quelques jours après, elle recevait la visite de M. Étienne, son supérieur général, qui, lui aussi, pria pour elle et l'assista dans ses derniers moments.

Les longs et incessants travaux de sœur Rose pourraient faire penser qu'elle avait toujours joui d'une excellente santé. Mais

(1) M. J. de Pinaud, ancien juge au Tribunal de la Seine, et M. Duperrier de Larsan, conseiller à la cour impériale de Bordeaux, sont membres de la Fabrique de la Primatiale.

non : pendant longtemps, des crampes d'estomac la faisaient horriblement souffrir, et maintes fois elle prenait le chemin de la cathédrale pour aller à la messe, disant : — « J'arriverai jusqu'à l'église, mais je ne pense pas pouvoir revenir, j'y mourrai. » Ces douleurs, dans ses dernières années, avaient disparu, et, quoique fort délicate en apparence, elle put toujours donner à ses compagnes l'exemple de l'accomplissement strict des règles. Pendant toute sa vie, sauf le cas de maladie, elle se leva à quatre heures et fit maigre pendant tout le carême. Si la sœur Rose était sévère pour elle-même, quelle douceur, quelle tolérance n'avait-elle pas pour les autres! — « Je fais maigre, » disait-elle au commencement du carême dernier, « mais il ne faut pas que la bonne sœur Magdeleine, qui a tant de travaux, m'imite. » Avant de mourir, elle est demeurée quatorze jours malade. Pendant quatorze jours, ses douleurs d'estomac l'empêchaient de garder même une goutte d'eau, mais elle pouvait recevoir la communion qu'on lui donnait chaque jour.

Ses obsèques, qui ont eu lieu lundi 14 mai, ont été une véritable ovation. Plus de mille personnes de toutes les conditions suivaient le convoi. Par un rare privilége, le service funèbre a été fait au maître-autel de la cathédrale, par M. l'archiprêtre lui-même, M. Chabannes. Nous y avons remarqué M. le Maire, M. le Secrétaire général, M. le vicomte de Bouville, M. de Noaillan, M. de Pichard fils, M. le doyen du chapitre Guilleux, MM. Boudon, Joly, chanoines; MM. Belleville, curé de Saint-Pierre; Déjean, curé de Saint-Bruno.

Dans toutes les rues que le cortége a traversées, le peuple s'est porté sur son passage, silencieux, ému, reconnaissant.

Au moment où on allait descendre dans le tombeau commun aux Filles de Charité, les restes précieux de sœur Rose, M. le Maire a prononcé les paroles suivantes, pleines de vérité et d'émotion :

« MESSIEURS,

» N'attendez pas de moi un discours sur une telle tombe et au milieu d'une telle assistance. Devant la sœur de charité morte ou vivante, tout homme s'incline avec vénération, contemplant, aimant et respectant en elle la plus pure image de la vertu sur la terre, et s'abstenant de bruyants éloges, car si l'éloge pouvait être porté à la hauteur de pareilles vertus, il en oublierait, il en offenserait l'humilité. Je ne dois donc être ici que le cri reconnaissant de la cité tout entière. Vous savez tous, comme moi, quelles vertus a pratiquées, quels services a rendus à nos indigents, pendant les cinquante-sept années qu'elle a passées à Bordeaux, depuis 1809 jusqu'à sa dernière heure, celle que nous pleurons et dont cette foule attendrie accompagne si pieusement les restes mortels. Mon seul éloge sera dans ce mot : elle fut le type accompli de la sœur de charité, qui ne connaît en ce monde ni fatigues, ni dangers, et qui n'y voit que des devoirs à remplir, que du bien à réaliser. Elle fut le modèle de ces filles de Vincent de Paul, dont la merveilleuse, l'angélique institution est l'une des gloires les plus pures et les plus élevées de la France. A la bonne sœur du Trévoux, le beau nom qu'elle conservera toujours à Bordeaux ! Elle fut, pendant cinquante-sept ans, *la Mère des pauvres !* C'est avec ce nom glorieux et touchant qu'elle vient de remonter à Dieu, dont la miséricordieuse justice aura décerné à cette belle âme la seule récompense digne d'elle : — le ciel !

» Adieu, sainte femme, adieu ! Le parfum de vos vertus embaumera à jamais votre souvenir parmi nous. »

M. Lataste, doyen des administrateurs du Bureau de Bienfaisance, a pris lui aussi la parole. Nous ne donnerons pas ici son discours en entier, nous nous exposerions à des redites ; les lignes suivantes suffiront pour donner une idée du sympathique tribut que M. le doyen est venu déposer sur cette tombe ouverte.

« Pendant un ministère de cinquante-sept ans, qui pourrait dire le bien immense que la sœur Du Trévoux a fait à Bordeaux ? Qui pourrait dire les misères qu'elle a soulagées, les souffrances qu'elle a adoucies, les cœurs qu'elle a consolés, les maladies qu'elle a soignées de ses propres mains, recherchant les services les plus pénibles et les remplissant avec joie ? Qui pourrait dire les malheureux qu'elle a arrachés aux angoisses de la faim, à la ruine, au désespoir ? Qui pourrait dire les infortunés qu'elle a relevés, qu'elle a arrêtés sur la pente du vice, peut-être même du crime ? Car la sœur Du Trévoux ne prenait pas seulement soin du corps, elle prenait, avant tout, soin de l'âme; elle ne cherchait pas seulement à apaiser les maux physiques, elle cherchait aussi à ranimer le sentiment moral prêt à s'éteindre. Elle avait formé et elle a toujours entouré de la plus tendre sollicitude des sociétés de préservation et de persévérance, et combien de vertus chancelantes ont dû peut-être à l'influence bienfaisante de ces sociétés de n'avoir pas succombé aux tentations du mal !

» Mais, pour dire toutes ces bonnes œuvres, tous ces actes de la plus inépuisable charité, il faudrait interroger plusieurs générations de pauvres dont elle a été la Providence; il faudrait surtout pouvoir feuilleter ce livre divin où sont inscrites les bonnes actions des hommes et qu'on ne lit que dans le ciel ! »

Tout le monde était sur le point de se retirer lorsqu'un pauvre s'est avancé et a lu un discours qui a arraché des larmes à tous les assistants. Ces magnifiques paroles, écrites sans art, se résumaient dans ces mots : « Pendant votre longue vie, vous nous avez aimés, chère Mère; que Dieu, qui écoute la prière du pauvre, exauce nos vœux et vous place dès aujourd'hui dans sa demeure immortelle : *iste pauper clamavit et Dominus exaudivit eum.* » (1)

La reconnaissance inspirée par la vie dévouée de sœur Rose

(1) Ce pauvre a prié et le Seigneur a exaucé. Ps. 33, 7.

perpétuera longtemps, au milieu de nous, son doux souvenir; déjà nous apprenons que M. le Curé de Saint-Pierre et les administrateurs de la paroisse, font célébrer un service solennel pour le repos de cette âme vénérée; puisse cet exemple être imité bientôt, et lui procurer, s'il en est besoin, ces grâces précieuses qui ouvrent, quelques heures après la mort, les portes du ciel, aux âmes purifiées.

Bordeaux, 20 mai 1866.

Bordeaux, Impr. J. DELMAS, rue Sainte-Catherine, 139.

BIBLIOTHEQUE NATIONALE DE FRANCE
3 7502 01048199 4

www.ingramcontent.com/pod-product-compliance
Lightning Source LLC
LaVergne TN
LVHW010311230826
846091LV00007B/3095
9782011763549